「練習しない」アスリート

成長し続ける50の思考法

藤 光 謙 司
Kenji Fujimitsu

竹書房

序文

「練習しないアスリート」

こう呼ばれ、常識外れにみえるスタイルに私がたどり着いたのには理由がある。

なぜこのような独自のスタイルに至ったのかをこの本を通して皆さんに伝えていきたい。

誰もが競技や人生で悩んだり失敗したり、うまくいかない時があるはず。

そんな時は自信を失い、他人と比較してしまいがちになる。

比較する対象は練習量、練習時間、容姿、仕事、幸福度など様々あるだろう。

しかし比べることによって、人には不安や焦りが生まれてしまう。

そのようなマイナス思考に陥りそうな時は、セルフコンパッション（自己肯定感）を養うことで解決することもある

と思う。

　人は勝つことで成功体験をして自信をつけていく生き物。

　自分にとって意味があるもの、前に進んでいるものと感じることができればやる気や意欲が湧いてくる。

　小さな目標でも日々、着実にクリアしていくことで自信やモチベーションを高めることができるのだ。

　自分勝手になりすぎないよう注意しながら自己肯定感を高めていく。

　そんな方法論を駆使することで今でも成長を感じられるし、その方法論は競技だけでなく異なる世界で活動する上でも役に立っていると思う。

「デュアルキャリアの意味」とは？

　私の場合はアスリートと起業家を両立するということである。

　「なぜ現役で起業したのか？」と問われることもあるが、私にしてみるとむしろ「競技をやる以前から学んでおかなければいけなかった」と思う。

私自身も以前は固定観念や社会の風潮で「アスリートは競技だけやるべき」だとか「競技力が落ちてしまう」なんていうイメージを少なからず抱いていた。

　ただ長年競技を続けてきて「競技だけやっている方が良くない」のではないかと考えるようになったのだ。

　欧米ではデュアルキャリアという考え方を教育にも取り入れているし、海外のアスリートにも特別なものではなく普通に受け入れられている。

　考え方としては極端な表現かもしれないが、自分の人生は「分散投資」みたいなもので、私ならその中で大きな柱となっているのがアスリート。その柱を活かしながら他の分野にも投資することで自分自身の可能性を広げ、新たな価値を持たせていくことも可能になるのではないかと思う。

　今春からの新型コロナウイルスの世界的流行で東京五輪が１年延期、陸上では世界選手権も延期となった。

　このような状況になってみるとアスリートだけの活動をしているリスクも大きいと思う。博打に近いような世界で何の保証もなく、競技力やそれを発揮する場所がなくなれば終わり

ではダメなのだ。

　そんな現状を変えるためにもアスリートも学び、自己価値を創造していかなければならない。

　そしてアスリート自身だけでなく教育や行政、民間企業などスポーツに関わる全ての人々の意識改革を行っていく。

　世間の風潮を変えるきっかけ作りをしたい。

　「練習をしないこと」、「デュアルキャリア」が、絶対に正しいということではなく、それぞれに合った「考え方」や「方法」を自分で探求し、選択していくことが大切なのだ。

　今この世界ではアスリートだけではなく誰もが自分がどうすれば良いのか悩んでいる。

　普通ではないと言われながら競技者として、経営者として様々なことに挑戦し培ってきた私の考え方。

　本書はそんな私の思考を一つの方法論としてまとめたものである。

　多様化する社会の中でより良く生きるための道筋を皆さんに提示できればと願ってやまない。

目 次 CONTENTS

CONTENTS

CHAPTER 5　30分でできるトレーニング実践

CHAPTER 1

技

体の理解が速さを生む

1

「練習しない」
アスリートとは?

　スキルなど、技術の習得には一般的に「3段階」があります。

　まずは量をこなして覚え、反復する段階。次に、質や正確性を高められるような段階へと進んでいきます。この両方ができるようになれば、同じ効果を短い時間で得られるようになるはずです。従って、ある程度の経験と知識が備われば、練習時間の短縮は可能になります。つまり、表面的に見れば「練習しない」となるわけです。

　もちろん、時には量をこなさないと得ることのできないものもあります。

　例えば、中高生のように1回で負荷を高められない時期は、量をこなさなければ効果を得られません。技術が成熟し、出力できる段階では、質を高めて効率良くトレーニングして時間を短縮することで、空いた時間を他のことに充てられるというメリットが生まれます。

　「練習しない」の裏側には、小さくてもハードルを越えることで自己肯定感を高める狙いがあることは、序文で説明しました。人は、決められたトレーニングや目標など、「やらなければならない」と思い込み義務化が起こると、やる気がなくなってしまうもの。義務化の中で頑張れば頑張るほど幸せ

から遠ざかり、意識すればするほど孤独や鬱状態になりやすいと言われています。量や質を適切にコントロールした目標設定は重要です。

　自分にとって最良と思えるトレーニング方法を数多く見つけ、その中から主体性を持ってより良いものを取捨選択していく。

　それが競技生活を長く続ける秘訣であり、そのためにはある程度、心身の余裕や自由度が必要です。

　これが「練習しない」の真意なのです。

2

誰にでも自分に合った
輝ける場所があるはず。

　僕が生まれたのは、浦和市（現在のさいたま市）。今でこそ人前で話したり、TVに出演したりしていますが、実は小さい頃は人前で話すのが苦手な子でした。ただ、スポーツに親しむ土壌はありました。Ｊリーグの浦和レッズがホームタウンにしている街で、サッカー人気が高かった。だから僕も、自然と周囲の影響で小学生の頃はサッカーを始めました。

　ただ、決定的な違和感があった。団体競技だから、もちろんチームの勝敗が基本になるわけです。しかし個人１人が頑張ったとしても必ず勝てるわけではない。

　これって当たり前のような話だけど、僕は不自然だなと思った。たとえば、中盤や守備的なポジションの選手がどんなに走り回って体を張っていても、前線の選手が点を取ってくれなければ勝てないわけです。逆に、前線の選手にしてみれば、何点とったとしても、守備が崩壊してしまったら負けることもある。自分の努力が、必ずしも結果に直結しない。それが少し納得できなかったんです。

　陸上は違いますよね。個人競技で、タイムや順位、個人の結果や成績にフォーカスされて、成果が出ればもちろん気持

ちいい。自分の努力や工夫が、目に見える数字で跳ね返って
くるわけです。それに、小学校の頃、脚が速い人ってモテた
な〜とか、そんな思い出はありませんか？

　自分が勝ったり、優越感に浸ったりして、輝ける場所。そ
れが、短距離の世界だったんです。多少ちやほやされるじゃ
ないですか。走ることが好きだったというより、僕にとって
持っているものを生かして輝ける場所が「走る」という
フィールドだった。これが、陸上競技に足を踏み入れたきっ
かけです。そして、走ることで輝くというのは、今も変わら
ない僕のあり方ですね。

3

「考える」ことが
飛躍の起爆剤。

　地元の三室中学校から本格的に陸上を始めて、短距離の
フィールドで勝負をしてきました。

　今でこそ、日の丸を背負った経験もたくさんすることがで
きていますが、最初から世界レベルの選手だったかといえば、
そんなことは全くありません。

　実は、中学３年の頃は全国大会に出場するのがやっとでし
た。大会に出るには、クリアしなければいけない参加標準記
録が設定されています。これを何とか出せるレベルだった。
そして全国に出ても、100メートル、200メートルともに予
選敗退してしまいました。あの頃、日本のトップは遙か先で
した。

　では、どんなきっかけで日本代表になれる力を養えたのか。
僕にとって大きかったのは、部活動時代に行っていた、練習
方法などを自分で「考える」という作業でした。

4

自分の成長を測る
物差しを知ろう。

　僕が選手として形をなす上で、中学や高校の経験はやはり貴重でした。今考えても、やっぱり部活動って大きかったなと。思い出を共有して、皆で目標に向かって頑張った時間を共有しているわけです。ただ純粋に、一つのことを頑張るというのは、今とは少し違った時間だったなと思うわけです。

　そもそも陸上部の部活ってどんなイメージを持っているでしょうか。もしかしたら、顧問の先生から出されたメニューを、ひたすらやるというイメージが強いかもしれません。

　でも、僕が過ごした市立浦和高校では、そんなイメージとは少し違ったんです。

　僕たちのスタイルは、自分に合ったメニューを自分で立てて提出し、こなしていくというもの。トレーニングの効率だったり、どういう内容をやったら良いかだったりを、自分たちなりにしっかり考えていた。

　もちろん、やり過ぎてケガをしないことも気をつけますし、かといって練習量が足りなければ強くなれない。うまくバランスをとって、何が一番自分たちの為になるのかを意識していました。いわゆる「がむしゃらに」という一般的なイメー

ジとは、ちょっと違っていましたね。

　自分の成長を測る物差しを知り、トレーニングを自分たち
で考えて実践し、バランスよく続けることがすごく大切なこ
とだと思います。

5

外部の意見を
取り入れることで、
可能性の幅は広げられる。

　高校の部活動で実際にどんな感じでメニューを作っていくのか――。僕らの立て方は、何となく1か月くらいのサイクルを作っちゃって。そして1か月は大体4週間ありますから、A週、B週、C週、D週みたいな感じで分けていきます。そして、各週ごとの練習内容を入れ込んでいく。

　こんな感じで、1か月サイクルでトレーニング内容を決めてしまう、というやり方でした。月単位まで幅広く考えておくことで、何が足りないのかもより見えやすくなります。今考えると、高校生のわりには効率よくやっていたなという感じです。

　メニューの中身でいうと、高校ですから「伝統のメニュー」なんていうのもありますね。僕らの場合でいうと、「10分間」というやつだった。1分間に100メートルを1本走る、というトレーニングですけど、それでトータル10本走る。

　たとえば10秒で走れれば、50秒休んでから次にいくわけですね。逆に50秒かけてゆっくり走ったなら、10秒しか休めない。速く走れば走るほど、レスト（休憩）の時間が長くなるということです。これを何セットかやるというのが定番

でした。

　あとは「450」というのも伝統的なメニューだった。これは300メートルを設定タイムで走って、残りの150メートルは全力で走るというメニューですね。これ以外に、「名も無きメニュー」というのもありました。僕自身が、選抜の合宿に行って色々な先生方に聞いてきたものをアレンジして、組み合わせて作るというやり方だった。外の皆さんの意見を聞いて、何をプラスしたらいいか仲間で話し合って考えていく。ヒントを生かしてオリジナルにしていくわけです。

　オリジナルですから、メニューの名前がつけられなくて「あれ」とか「これ」とか、そんなふうに呼んでいました。

　なぜそんな工夫をしたかというと、やっぱり、同じ顧問の先生1人の意見だと偏ってしまうからです。

　外の意見を入れることで、もっと可能性や幅を広げられると僕自身は思ったんですね。

6

目的や効果を、納得して
やることに意義がある。

　僕はたまたま選抜の合宿のような高校の外の世界に触れる機会が多かったので、そういう所から練習方法の仕入れをしていました。

　その中から何をしたら自分たちにとって良いものになるのかというのをきちんと考えて、それをみんなで共有して。

　全員が全員、良くなるというのは難しいけど、みんなが納得してやることに意義があると思っていたんです。

　「こういう効果が見込めるから、これをやったらいいんじゃないか」ということを僕たちなりに考えてやっていたのは、今になっても生きている、原点になっているところです。

7

情報を広く集めて考える。
同じ練習でも意識の仕方で
全く変わってくる。

　僕の高校時代は、携帯電話でもせいぜい写真付きのメールを送り合う程度でした。それも使い放題ではないから、容量の大きいものを送りすぎると「パケ死」する、なんて言葉もありましたね。動画を頻繁にやりとりすることなんて、考えられなかった。

　今はスマートフォンが普及して、世界中の動画にアクセスすることができます。トップ選手の試合映像もそうだし、各選手が練習メニューを上げているものもあります。桐生選手などは、ユーチューバーとして活動していますね。

　もし今の時代に学生だったら、僕はできるだけ情報を集めていたんじゃないかな。情報があふれている時代だから、いかようにでもゲットできる。

　使い方次第で、間違いなく自分の力を伸ばせるわけです。

　もちろん、本質は直接教えてもらわないと分からないかもしれません。でも、自分で練習のやり方を考えることはできますよね。

　同じ練習も、意識の仕方や目的で全く違った練習になってくる。どんな意味で、どんな練習をやっているか。頭を使いながら向き合っていたと思いますね。

8

常識を疑おう。
誰も考えないような話にも、
成長のヒントは隠れている。

　僕は色々な専門外の方の意見を大切にします。たとえば、こんなことがありました。

　「そういえば個人種目の時って、バトンを持って走ったらいけないの？」って聞かれたんですね。陸上選手なら、たぶん誰も考えないような話です。

　個人種目は、距離に応じて走り方も違いますし、400メートルまではスタートの時に足を乗せるスターティングブロックを使います。そういった差はありますけど、バトンを持つという発想はなかった…。

　ただ、よく考えてみると、マイル（1600メートル）リレーを走る選手の中には、バトンを持った方が速く走れる感覚がある場合もあります。

　なぜなのか。手が空いていた方が速く走れそうなものですが、バトンには少なからず重さがあるわけです。これを振ることで重心が変わり、上体が浮き上がるのをうまくバトンで抑えられるんですね。

　ちょっとしたことで、感覚は変わる。

　技術以外のことでも走りのパフォーマンスを向上するヒント

になることって転がっているんです。

　このことは、自分の筋肉や体のパーツなど、より細部に気を使って走らないといけないと考えるきっかけとなりました。

　常識にとらわれず、幅広い情報や考え方を取り入れていく。

　これは陸上競技やスポーツだけでなく、社会人の仕事や学生の勉強にも通じる部分だと思います。

　練習への意識と合わせて、僕が大事にしていることです。

9

速くなるための
アプローチは無限にある。

　短距離は、奥深い競技です。100メートルにしても200メートルにしても、あんなに距離があるのに、毎回タイムはコンマ数秒以内の範囲に収まるわけです。

　コンマ数秒というと、距離にすると大体1メートル以内くらい。僕らにしたら、最後の半歩くらいの距離です。最後の最後の、たった半歩。タイムが劇的に縮まることもなく、毎回。本当に不思議な話だと思いながら走っています。

　もう1つ魅力だなと思うのが、記録には上限がないということです。100メートルだと、今はボルト選手の9秒58が世界記録です。僕が本職にしている200メートルもボルト選手が世界記録を持っていて、19秒19というタイムです。この2つは、ともに僕が初出場したベルリン世界陸上で出たタイムでした。

　とりあえず皆、このタイム＝世界最速を目指して頑張るわけです。でも、その先は？

　9秒台前半、いやいや8秒台？将来、どこまでタイムが伸びるのかは誰も分かりませんよね。決められた距離をどれだけ速く移動できるか、という勝負ですから、アニメの世界の

ように瞬間移動する選手が出てくれば、1秒かからないようになるかもしれない。正解もなければ、ゴールもない。ここが面白い。

　だからもちろん、速くなるためのアプローチだって無限にあると思うんです。

10

体だって「消耗品」。

　色々な手法で速さを追求する中で、僕の一つのキーワードが「効率性」でした。

　中学〜高校生までは、効率性を意識しつつも、体を作っていく時期ですから量も確保してやっていました。

　何かを始める時って、絶対的に量が大事な時もあるものです。体が出来てきて、精度を高めるという考えに徐々に変わり始めてきたのが、日大に進んだくらいの時期でした。

　自分の特徴を考えた時に、地面からの反力を強く受け、故障のリスクが高いということに気がつくんですね。負荷がかかるようなトレーニングをずっとするような手法では、長く選手生活を続けられないと考えるようになりました。

　ある程度、物の寿命って決まっていますよね。

　たとえば車は10万キロ〜20万キロだとか言われるように、人間の筋肉や関節、腱なども消耗品なわけだから、使い方によって寿命は変わってくると思います。がむしゃらに、しゃかりきにやることがベストではない。

　効率性を考えて、練習を洗練させることが長く競技生活を続けられることに繋がると思っています。

11

「無」になる時間の
引き出しの多さが、
体と頭を休める。

　練習をしない時とのオンオフの使い分けも重要です。

　ある研究では、1日に1時間は「何もしない時間」を作らないと、能率が下がると聞きます。

　だから、ぼーっとする時間、何もしない無の時間というのは、大切にしていますね。

　たとえば、酸素カプセルに入っている1時間くらいは、何も考えないようにする。自宅でぼーっとすることもあります。

　無になる時間の「引き出し」をたくさん持っておくことで、体と頭をしっかり休めることができるわけです。

12

効率化を追及し、
挑戦の気持ちを
忘れなければ
何歳でも成長できる。

　現在は味の素ナショナルトレーニングセンターなどで練習することが多いですが、他の代表クラスの選手と比べてみても、本数や時間はぎゅっとコンパクトにやっているかとは思います。

　効率的にやることは時間の短縮につながるだけでなく、ある練習を短い時間でクリアできれば、他の練習を追加することも可能になるわけです。

　練習時間や量で不安要素をぬぐい、メンタルを安定させている選手もいますけど、そこにとどまっている段階をどうクリアするか、というのも大事なことです。

　効率化で練習を洗練し、同時に新たな挑戦の気持ちも常に忘れない。

　これが、年齢を重ねるごとに右肩上がりでステップアップする秘訣だと思っています。

13

出来ないことが
たくさんあるということは
伸びしろも
たくさんあるということ。

　年齢を重ねるごとに成長していくという話ですが、実際、僕は2015年7月、スイスで行われた国際大会の200メートルで自己ベストを20秒13に伸ばしました。当時、29歳の夏でした。

　さらに、リオデジャネイロ五輪を経た2017年6月、布勢スプリントで100メートルの自己ベスト10秒23をマークすることができました。この時は、31歳です。

　「年齢の若さ」イコール「競技のパフォーマンス」ではないと思っているので、30代で自己ベストが出たことは僕にとって不思議なことではありません。

　世界を見渡せば、40歳と54日の史上最年長で100メートル9秒台（9秒93）をマークしたキム・コリンズ（セントクリストファー・ネイビス）のような選手もいます。

　100メートル9秒台というと、2017年に桐生祥秀選手が9秒98を出すまでは、日本人は誰も足を踏み入れたことがない領域でした。

　人それぞれ、ピークは全く違うわけです。

　僕自身の考えとして、まだ出来ないことがたくさんある

というのは、伸びしろもまだたくさんあることだと思っています。

14

限界を作るのは脳。
体以外も総動員できれば
伸びしろも広がる。

　今まで成長するために色々とやってきたつもりでいますが、まだやれていないことって本当に多い。

　最近だと、脳のセミナーを受けて、新しい脳の使い方や考え方のアプローチを考えてみたりもしています。

　限界を作るのは、脳だと思うので。

　運動の指令も脳から筋肉へ伝わっていくわけですから、そこを変えれば運動能力の向上にもつながるかもしれない。

　体や体力的な部分を上げるのはもう難しいかもしれませんけど、体以外の部分も総動員してどう成長していくのか。

　そういった部分で伸びしろはあるはずだと思います。

15

体を作り動かすのは
感覚と意識。

　走るということは「自分の体をどれだけ知り、どれだけ思い通りに動かせるか」ということに尽きます。

　自分の体の身体的特徴を把握し、バランスを整え、筋肉をつける部分、つけない部分をはっきりさせる。

　細かい一つ一つのピースをどれだけ把握して「正しい方向に進めるのか、正しいことをどれだけ正しくできるか」という作業の繰り返しだと思うんですね。

　主体性を持って、その選択を正しくできた選手が長く一流で活躍できるわけです。

　頭で考えている感覚がずれていれば、速く走ることもできない。

　靴紐を結ぶことを考えてみてください。見えていればできるけど、目隠しされたり、頭の中の感覚だけだとできなくなることもある。

　感覚や意識を、1つずつ知ることが大事。

　どのような意識でいれば速くなれるのか。そういう感覚をいっぱい作ることが大事なのです。

　どのような意識をしたら、体はどうなり、どう動くのか。

　色々学んで経験を蓄積していくことで、思った通りに体は動かせるようになるのです。

16

成功か失敗かは関係ない。
結果を分析して努力との
「誤差」を認識しよう。

　人は良い結果が出たら、その過程を全て「良し」だと思ってしまう。

　でも、どれだけ分析し反省するかということの方が大事なのです。

　また失敗した時に「失敗したからダメ」という、「失敗」＝「ダメ」という考え方も違うと思う。

　結果に対して、自分が考えていることや、やってきたことを擦り合わせて、どんな「誤差」が出ているのかを知らないといけない。

　思ったより良かった、というのも誤差ですし、思ったより悪かったというのも誤差ですよね。

　ただ、結果が出ちゃうと、「いいや」と思っちゃうのが人間というものなので。

　たとえばテストで、あまり自信がなくても思ったより点数が良かった、なんていうことはありませんでしたか？それと同じですね。

　でもそれって良いことではないと思います。その場はしのげても、次のテストでは同じようにはいかない。

　客観的に見て、分析をして、その後に繋げていけるかが大事になるわけです。

　自分のやった努力と結果の「誤差」をきちんと認識し改善することが成長に繋がるのです。

　そしてそのためには次に述べる「理解」が大事なキーワードになってきます。

17

間違っていてもいい。
「理解」のためには、
「ひたすらにやる」しかない。

　僕の場合ですが、「理解する」ためには「ひたすらにやること」だと思う。

　良いと思うことは当然として、時には「間違っているかもしれないこと」も、「ひたすらにやってみよう」ということです。

　とにかく経験するしかない。

　実行して、結果としてそれがどうなのか。

　それを見るしかないので、いくら良いとされるものでも、合うかどうかやってみないとわからないわけです。

　逆に良くないとされるものだって合うこともあるかもしれません。

　実践して、分析して、自分に良いのか悪いのか判断してそれを活かす。

　自分にとって何が良いのかを「理解」するためには、「ひたすらに経験」しないといけないと思っています。

18

感覚を大切にして
今の自分の位置を知ろう。

　自分にとって何が良いのかを知るための「理解」を助けてくれるのは、「感覚」ですね。

　色々なデータとか、数字とか、色々なものがあると思うのですけど、最終的には感覚が大事だと僕は思います。

　もちろん、感覚というのは難しくて、自分的には良くても結果が出ない時もある。ただ、自分が納得して取り組む指標になるんですね。

　僕自身、感覚を大切にすることで、色々な引き出しを手にしてきました。

　ウエイトトレーニングや補強において、自分が決めたメニューや動きに対して、どういう感覚でできるかインプットすることで、自分がどの位置にいるかを測ることができる。

　その物差しを持てるわけです。

　今から速くなりたい、強くなりたいという方には、是非このプロセスを大事にして欲しいと思います。

19

動きの理解は、まず
真似てみることから。

　「感覚」を大切にして、自分の動きを「理解」すると、速くなるための道筋も見通すことができるようになります。

　では動きを理解するためにどうするか？

　人間は何事も真似から始まります。

　なので先ずは他人の動きを真似してみて自分の体を理解してください。有名選手の映像を見てみるのも良いでしょう。

　できる、できないというのが分かることだけでも、大事なことです。

　やってみることで初めて分かることはいっぱいあります。

　他人の動きを真似することによって自分の体を知るのは、すごく大切なことなのです。

CHAPTER 2

心

一発勝負で結果を出すメンタルの源

20

努力した分しか、
結果は出ない。
諦める部分は諦める。

　ここまで体の強化や技術について話してきましたが、競技の上で重要なのがメンタルの部分です。

　決められた舞台で、いかに結果を出すのか。

　練習が大切なのは言うまでもありませんが、心の持ち方もパフォーマンスには大きく影響してくるわけです。

　僕の場合、個人種目に関しては中学校の頃、一番最初に出た試合から「緊張」というものはあまり感じない方でした。

　なぜか—。これは陸上を選んだ理由にも深く関係しています。先にもお話ししたように、自分が努力した分、競技結果が出て欲しいから、団体競技のサッカーから個人競技の陸上に変更したわけです。

　団体競技と違って個人競技なら、結果は全部自分のせいなのです。

　だから、自分が努力した分しか結果は出ない。

　試合になったら、諦める部分は諦めるしかない。

　こんな風に割り切ることで、平常心で臨むことができていました。

21

余計な情報を
シャットアウトして
集中を高める。

　とはいえ陸上の世界に入ってからも、緊張するシチュエーションはあります。それはリレーの時です。

　もちろん4人で戦うチームの絆もあるから、和らぐ部分もありますけど、やはり「失敗したらどうしよう―」という気持ちって、少なからず湧いてきます。

　特に、最初に日本代表で世界陸上に出た2009年ベルリン大会は、2008年北京五輪で銀メダルに貢献した朝原宣治さんが抜けて、僕が朝原さんのポジションだったアンカーに入ったわけです。4位入賞することが出来ましたが、結果が出なかった時に対する緊張というのはやっぱりありました。

　アンカーの時、どう緊張を乗り越えて力を出し切ったかというと、第1走者と第2走者の走る姿を見ないようにしていたんです。自分がバトンを受け取ることになる第3走者が走り出してから、見るようにしていました。

　自分がやるべきことに集中するため、余計な情報を入れない方がいいと思ったのです。もちろん、第1走者と第2走者が好走していていい流れなら、見ることでプラスに働くかもしれません。ただ、実際どうなるかは、走ってみないと分からない。

　情報をシャットアウトして、集中するためにそういう工夫をしていました。

22

しっかりと準備をして
自分を信じ抜けば
力を出し切れる。

　もう一つ、力を出し切るために大切にしていたことは、自分がやってきたことを信じ抜くことでした。

　自分の気持ちを保つのは、やはり目標への準備がしっかりできていることに限ります。

　自信を持って試合当日を迎えられていれば、気持ちのブレはなくなる。試合中に余計なことを考えてしまうこともありません。

　逆に、それができていない時には気持ちは揺れるし、不安感も増幅していく。

　結果的に、自分の持っているパフォーマンスを100％発揮することは難しくなってしまうわけです。

　できる限りの準備と、それを行ってきた自分を信じることで、ベストの力を出し切ることができるのです。

23

気持ちを保つ環境を
作れるかどうかで
勝負は決まる。

　キャリアを振り返ってみると、緊張をほとんど感じたことがない個人種目で、唯一緊張したなと思う試合があります。

　2016年リオデジャネイロ五輪の200メートル予選です。僕は、五輪1か月半前に行われた代表選考会の日本選手権で、レース中に左太ももを痛めてしまいました。スタートから数十メートル走ったところで違和感が出て、最後まで走りきったけれども肉離れを負ってしまいました。

　2008年北京五輪も2012年ロンドン五輪も、けがの影響で代表に入れていなかった。リオ五輪も難しいかと思いましたが、周りの人達の支えで、何とか大会に間に合わせてもらって、スタートには立つことができた。

　僕にとって、ケガが回復して一発目の試合が自分で初めての五輪。ふたを開けてみないと、どうなるか分からないという状態でした。

　これまで、そういう状態で日の丸を背負った事なんてありませんでした。

　代表に入る時は、しっかりとしたパフォーマンスで権利を勝ち取るというのが普通の流れだった。当然、準備も万全に

やりきれてはいなかったわけです。

　それに加えて、何とか走る状態に回復させてもらって、色々な人の思いを背負っていたという重みもあった。

　つまり、自分の結果を全て自分のせいにはできない、これまでの個人種目への臨み方通りにはいかない状況にありました。僕自身のレースだけど、僕自身のものじゃない感覚。

　そのためキャリアで一番の緊張感を覚えました。結果は、20秒86で予選敗退に終わりました。

　自分がやるべきことだけを考えて集中できれば、余計な緊張は出ないのですが、この時はそれができない環境でした。

　メンタルを強化するために色々とトレーニングをする選手もいます。

　でも、やはり大事なのは、自分の気持ちを保てる環境を作れるかどうかなのです。余計なことを考えずに平常心で力を出し切ることができる環境を本番までに作れるかどうか。

　特別な何かをするより、気持ちの保ち方の方が大切です。

　これは、皆さんの日常生活にも通じる部分があるのではないかと思っています。

24

緊張＝悪ではない。
当たり前のこととして
受け入れることが
克服の第一歩。

　では緊張を克服するにはどうすれば良いのでしょう。

　まず、緊張することが悪いことだと思うのが良くありません。

　緊張は誰でもするし、何かに対して真剣に向き合っている証拠だと思います。ダメだと思ってしまうと、さらに緊張したり、マイナスのルーティンに入ってしまう。

　当たり前のこととして、受け入れることを第一歩にしましょう。

　もちろん、ダメなことを受け入れるのは抵抗もありますが、それを乗り越えることが次のステップに進む第一歩だと思います。

　苦手なものは苦手だし、嫌いなものは嫌い。それでいい。人は何でも全部できるわけではない。自分だけが特別と思わないことが大切です。

25

悪い所を10個探すより、
1つの良い所に
目を向ける。

　たとえば、瞬発力はあるけど、持久力がない子がいるとします。

　悪い所を直そうとばかり考えることで、せっかくの持ち味の瞬発力がなくなってしまったとしたら…。

　悪い所を10個探すより、良い所を１つ探して目を向けてあげたほうがいい。そういう考え方をすることが大事なのです。

　そのような視点で見ることができるようになればすごく楽になると思います。何事も。ダメだと思うことは絶対ネガティブになるので。

　本人ができることを探した方が絶対楽になるし、個性を伸ばせるはずです。

26

「分からない」で
済ませたら前には
進めない。
「分からない」なら
学べばいい。

　僕にも欠点はあります。そもそも小学校や中学校の頃は内向的で、人前でしゃべることができなかったし、しゃべりたくもないような子どもでした。異性とも全然話せないような状態でした。

　もちろんスポーツはそこそこできた方でしたが、人間関係の作り方みたいなものが全然できなくて。高校生の時もだめだったかもしれないですね。当時お世話になった先生方に訊いてみても、何か投げかけても「あ〜」とかしか返事していなかったらしくて。自分でもそうだったという認識はあります。

　だから、僕が今、パーティーなど人前でしゃべったり、テレビに出たりしている姿は、当時の親しい方達からしたら、ギャップが大きくて受け入れられないみたいです（笑）。

　人間関係や、しゃべりの方は克服しましたが、今でいえばビジネス関係の話などは、全然分からないことも多いです。

　競技だけやってきましたから、社会の仕組みとか、ビジネス上では当たり前なことも、分からないことが結構あるんです。

　ただ、やはり「分からない」を「分からない」のままで終わらせてしまったら、全く前に進まなくなってしまう。

　分からなければ、学べばいい。分からないことをまず受け入れて、学ぶ。そして、前に進んでいけば良いのです。

27

やるべきことは
一つ一つ
クリアしていこう。

　会社を設立したり、競技以外の活動をしだした頃は、結構苦痛だったりもしました。

　分からないことを全部一気に解決してしまおうとしていたんですね。

　やるべきことは一つ一つクリアしないと、全部ダメになってしまう。

　同時進行しようとしていたことを、目標を絞って一つ一つ進めるようにしたら、だいぶ楽になってきました。

　「あれもこれもやらないといけない」という思考が自分を苦しめるわけです。やるべきことを分けて考えることで感覚は変わってきます。

　もしその時の僕のような思考に陥ってしまっている人がいたら、目標を絞って考えてみると良いと思います。

28

クリアできる目標設定が
毎日の幸福度を
アップさせてくれる。

　目標の立て方についても考えていることがあります。

　大きな目標を立てることは大事ですけど、人は目標を達成できなかった時にすごく幸福度が下がるんですよね。

　目標を立てすぎることで、色々なことが「義務」のようになってしまって、それもまた気持ちを下げてしまう。

　だから僕は毎日、絶対にクリアできる目標を立てるようにしています。それによって日々の幸福度が上がるんですよ。

　僕は今、練習の上でも1日2〜3本走ることと、1時間半練習することを掲げていますけど、これって結構簡単な目標だと思いませんか？

　もちろん、2〜3本でも効果が得られるからこその目標設定なんですけど。

　絶対クリアできて、効果がある目標を毎日クリアすることで、高い幸福度を得られるんですね。

　その高い幸福度によって日々のモチベーションを保ち、成長やメンタルに良い効果を与えることができる。有効な方法論だと思っています。

29

気持ちと目標が
離れすぎていたら
意味はない。

　金メダルを取るなどの高い目標を掲げている選手も多くいますが、気持ちと目標が離れすぎていても意味がないと思います。

　前にも述べたように確実に達成できる近い目標を一つ一つクリアして、これができたらその次、それができたらまたその次というように実行していく。

　一段一段、着実に階段を上がって、本当に目指している目標に近づいていくことが大切だと思います。

30

着実なステップアップが
大きな成長に繋がる。

　競技だけでもなく勉強もまずは近い目標を立てるという姿勢でした。

　母校の市立浦和高には、推薦で入学しました。周りは受験勉強をして入ってくるわけですけど、最初の一斉テストの結果に驚愕しました。

　一学年約350人の中で、300番くらいだったんです。中学校の内申は良い方で、5教科のテストも合計470〜480点くらいはとれていて、そんなに勉強に困ったこともなかったんです。それが高校の最初のテストでひどい結果で。

　「これはやばい」と。ただ、いきなり大きな目標を立てても挫折してしまうので、とりあえず「陸上部の友達に負けない」という目標だけを立てました。そこから徐々に目標を高くすることで学力を上げることができたと思います。

　実技じゃない方の保健体育と、何かの科目では、学年1位になったこともあります。

　競技や勉強に限らずすべてのことにおいて、焦ることなく自分がクリアできるレベルを着実にステップアップしていけば、必ず大きな成長に繋がるのです。

31

不必要に他人と
比べてはいけない。

　メンタルをキープするために大事なことは、比べないということです。

　「普通」の基準は、人によって大きく違いますし、比べることによって不安や焦りが出たりもする。

　もちろん、最低限の情報としてライバルの動向を入れておくことは必要ですけど、気にしすぎることで不幸になるケースも多々あります。

　たとえば、冬季練習一つとっても、人によってアプローチはバラバラで、当然練習の進行度合いにもばらつきが出てきます。それでも一緒に練習する機会があったりすると、あいつ俺より速いなと思ってしまい、不安や焦りで心のバランスを崩してしまう。

　そういう無駄なことはしないほうがいいな、というのが持論です。

　人のペースと自分の進行度合いを客観的にとらえ、やるべき事に集中するのが大事なことです。

32

継続した努力は
絶対に無駄にならない。

　僕はこれまで自分は自分、他人は他人という考えでやってきました。

　量も内容も自分に最適なものを選択できているから、他人と比べることに意味はない。そう信じてこられたのは、ある座右の銘があるからです。

　「継続は力なり」。中学時代にお世話になった先生から頂いて、ずっと胸においてきました。

　何事も継続しないと分からないですし、結果にも繋がりません。

　継続した努力は絶対、無駄にはならないのです。

　途中で諦めたりせず、ある程度の期間、継続する。

　これは、様々な課題にチャレンジする子供達とか、色々なことに取り組む人達にとってもすごく大事なことだと思うんです。

　もし悪いことも、継続していたら「悪い」と気づく。これだって良いことだと思いませんか。

　意識して継続することは何かしら見つけるきっかけになるのです。

　絶対に自分にいい形に返ってくるので、大切にして欲しいですね。

CHAPTER 3
効率

たどりついた「二足のわらじ」の境地

33

時間は有限。
任せられる部分は、
人に任せる。

　自分独自の練習方法を考えることで身につけてきた効率性は、「二足のわらじ」を履く上でも大いに役立っています。

　僕は、2018年に個人事務所を設立し、現役選手ながら社長にも就任しました。2019年11月には、一般社団法人「ATHLETE HONOR」も設立し、社会の問題点をあぶり出して改善する努力をしながら、東京五輪を見据えて選手活動も続けています。

　午前中に効率よく練習して競技力を伸ばし、午後は社団法人の仕事をこなすというパターンが多いです。

　ただ最初のころは会社の業務全てを自分が管理して、全部自分で動かないといけないと思っていました。

　でも、そのやり方だと限られた1日の時間の中でやるべきこと全てをこなせないんですね。無理が生じるんです。

　今は各分野の専門家に託せる部分は託して、負担を軽くして時間を作るようにシフトしています。

　自分自身で考えて行動するというのは大切なことです。

　ただ限られた有限の時間の中で最大限の効果を発揮するためにはそれだけでは難しいんですね。

　素直に今の自分ができることを認め「任せられる部分は人に任せる」。

　それによって生まれた時間をより有意義に使う。

　その意識にいたったのは外部からの意見を取り入れ、自分なりに練習の効率性を追求してきた経験が生きているのではないかと思います。

　もちろん信頼できる専門家との出会いが大切なのは言うまでもありません。

34

成し遂げたことには
しかるべき対価を
求めていい。

　僕が東京五輪前のタイミングで、競技者と社長を両立しようと思ったきっかけ。それは初めて出場した2009年ベルリン世界陸上でした。

　初めて日の丸をつけて、世陸に出たのがこの大会。個人種目では二次予選敗退でしたが、400メートルリレーでは4位入賞を果たすことができました。リレーチームは、前年の北京五輪で銅メダル（現在はジャマイカのドーピング違反で銀メダルに繰り上がり）を獲得しています。

　ベルリン世界陸上もメダルにはあと一歩届かなかったけど一応世界で4番にはなった。自分的にも「すごいな」というイメージでした。

　でも「世界4位になったことの対価って何だっただろうか」と考えると、特に何もないんですね。

　あの時は社会人1年目で若かったですし「世界陸上に出られた」「あの舞台にたどり着けた」ことへの価値を強く感じる部分は確かにありました。

　でも、その「結果に見合う対価は何もない」という違和感は間違いなくあったんです。

　それが競技者と社長業の両立に挑戦させる今の僕を生み出すきっかけだったと思います。

35

やってきた努力や
結果の価値を
主張しよう。

　目標に向かって進んでいる時は何も感じないけど、いざたどり着いた時には思っていたような世界は広がっていなかった…。

　ベルリン世界陸上の400メートルリレーで4位を取った後の気持ちです。

　その後も国際大会に数多く代表として参加しましたが、2009年に感じた違和感というのは、どんどん膨らんでいくばかりで、それが次第に確信に変わっていきました。

　たとえば一般的なサラリーマンのことを考えてみましょう。

　頑張っていれば勤続年数に応じて出世して昇進したり、地位も上がっていくケースが多いですね。それに伴って給料も増えていく、というのが日本的な雇用モデルだと思います。

　ではアスリートはどうでしょう。

　最初は競技力が右肩上がりですから、会社員と同じように成績（＝結果や記録）を残していけば社会的な評価も高まっていきます。

　スポンサー契約の声がかかったり、レースで賞金を獲得できるケースもあります。CMやテレビ番組に出演して、知名度を上げる選手もいます。収入も評価に応じて高まっていく

ものです。

　ただ、いつかは競技力が落ちる時がやってきます。決勝に行けていたはずが行けなくなる。

　自己ベストが更新できなくなり、ケガも増える。長く続けてきて経験もあるはずなのにパフォーマンスは下がっていくんです。

　企業での仕事ならば経験を重ねることで習熟度が増し、ベテラン社員として重宝されるはずなのに、アスリートはそうじゃない。結果だけを見られて、積み重ねてきたものはどんどん軽視されるようになってしまうんです。

　パフォーマンスの低下とともに、社会的な存在感は小さくなり、引退すればそれまでの積み上げはリセットされてゼロになってしまう。

　また一から、違った分野でのキャリアを再構築しないといけなくなるわけです。

　もちろん、国が何かを保証してくれるわけでもない。

　アスリートは成績を残すことが一番ですけど、やはり自分の将来だとか、競技をやってきたことに価値を持たせる努力をすべきだと思うのです。

36

競技に集中するだけが
理想のプロの姿ではない。

　僕は元々、プロ選手は競技にだけ集中していればいいと思っていました。むしろ、それ以外のことに力を使ったり、お金を稼いだりするのは悪いことだという風潮もあります。

　ただ、今はどういう風に競技で自分の価値を上げて、社会に貢献していくか。それを考えているので、あえて厳しい現役生活と社長業の両立という道を選んだのです。

　僕が社長を務める一般社団法人「ATHLETE HONOR」は「アスリートが新しい価値創造をすることで認められる社会を作り、人生を通して豊かにしていこう」という発想のもとで立ち上げました。

　アスリートの社会貢献活動というと、子ども達とのイベントでの交流などがあります。

　ただ、本当に自分が極めてきた競技の世界を一般社会に還元するというところまで考えると、もう一歩踏み込まないといけないと考えています。

　そうやってプロのアスリートとしての活動だけでなく、社長として自分ならではの社会貢献活動もおこなっていくことが僕の理想の姿なのです。

37

競技を極める上での
「こだわり」を
社会に還元する。

　世の中は価値のあるものにお金を払うというシステムで成り立っています。「競技を頑張って、それを見てください」というのはプロスポーツの根源ですが、全ての競技がそうはいきません。

　「日本チャンピオンです」「世界大会のメダリストです」といって、その価値をきちんと説明できるアスリートって意外と少ないのです。

　競技も多様化する現代。競技だけ頑張って「認めてください」という時代ではないと強く感じています。

　では、どうするか。

　現在でも例がありますが、用具のアドバイザリー契約なども、もっと長期的かつ継続的な形になれば面白いですね。

　今はいくつかのパターンが予め作られていて、その中から選択するという形が主流だと思います。そこを、アスリートがもっと個性を活かしたサービスを作っていく。

　陸上選手でいえば、シューズやウェア。競技を極める上でそれらの用具に対するこだわりも、当然強くあります。そういった「こだわり」という新しいスパイスをプラスしながら還元していくという方法論はいっぱいあるはずです。

38

アスリートの人生全体を
充実したものに。

　僕は競技の世界で結果を残してきて、いわば一般企業では「出世」したような状態になることができました。一つの目標に向かって自分を高めるため、どう計画して日々をどう過ごすかを突き詰めてきたおかげだと思います。

　仕事に関してもやっている内容は全く違いますが、方法論は似通っていると思うんですね。

　競技を通して培ってきた僕なりの考え方をスパイスとして与えてあげることで、一般企業が成長するきっかけにする。そういったことができないかと考えていて、それには様々なやり方があると思っています。

　社団としては、その形作りをして「こんな方法もあるよ」「こんなやり方はどうだろう」と選手に提示していくことができないかと考え、行動を始めているところです。

　まず第一弾として、「アスリートカード」を世に送り出しました。

　アスリートが登録をしてこのカードを持つことによって、福利厚生アウトソーシング企業の「ベネフィット・ワン」と提携のもと、全国で福利厚生サービスを受けることができます。

　これは、主に現役選手の競技活動をサポートし、遠征などの負担を少しでも減らすことができればという思いがあります。

　環境が整うことで、良いパフォーマンスを発揮して欲しい。目に見える結果を出すことはアスリートとしてのキャリアの上では必ず追い風になります。

　次に、登録者はアスリートが社会的な知識を学ぶ「アスカレッジ」も受講することができ、自らの知見をどう社会に還元していくかを考えることができます。

　たとえばSNSの有効活用方法。これは現役生活の間だけでなく現役引退後を見据えても重要なことです。

　アスリートが一生懸命練習して選手として成長しようとするのは当然のことです。ですがそれだけでなく、多くの人に知ってもらうという努力も大事なことなのです。

　このシステムによって、アスリートが安心して競技に打ち込み、人生全体を充実したものにできる道筋をつけられればと思っています。

39

選手の背景を知って
応援すれば、
感動は何倍にもなる。

　2021年に延期となってしまいましたが、東京五輪は大きな分岐点になると思っています。

　昨年でいうと、ラグビーW杯。自国開催の大会で日本がベスト8入りしたこともあって、大きな旋風を巻き起こしましたね。「ONE　TEAM」は流行語大賞にまでなり、選手一人一人にもフォーカスされて様々な形で人気が出ました。

　そのチャンスがオリンピックスポーツにもやってくるわけです。

　五輪が自国開催されることで、様々な競技の日本のアスリート達がどんな生活をしていて、結果を残すことで何が得られるのかを知って欲しい。

　そういうきっかけになる五輪であって欲しいし、そうしたいと思いますね。

　選手にとって、背景やバックグラウンドを知って応援してもらうことは大きな意味があります。

　ただ勝った、負けたとか、強いとか弱いではない。こんな苦労をして、こんな困難を乗り越えて大舞台に立っている。そして結果を残したんだ、と知ってもらえれば応援にも自然

と熱が入るでしょう。実力者ではあるけど、金メダルをとれるかはわからない。大丈夫かな、と思いながらとった金メダルって、普通に順調にとったメダルとはわけが違うんですね。

　五輪もいろいろな競技からたくさんの選手が出ますから、一人一人全員のバックグラウンドを知ってもらうのは難しいかもしれない。

　ただ、できる限り知ってもらえばスポーツの見方は変わる。

　感動は、何倍にも増幅するんです。

　だから僕らはまず、知ってもらう努力をしなければいけない。

　知ってもらうために選手がしなければならないことは、もちろん結果を出すことです。

　結果を残してそれに対しての報酬が欲しいならば、さらに努力が必要だし、競技を普及させたいなら、それに対しての努力も必要。

　「自分が五輪でどうなりたいか」というのを常に頭に置いて実行していくことが大切だと思っています。

40

終わったら終わり、
を脱却する。

　五輪の競技を見てもらう皆さんに心からお願いしたいことがあります。

　東京五輪をきっかけに応援していただけることはとてもありがたいことです。

　でも五輪の間だけでなく、その後も継続的に応援の気持ちを持ってもらいたいのです。

　僕らのスポーツは五輪が終わっても続きます。

　大会の期間中だけ一時的に盛り上がったけど、それが持続しないというのでは意味がないのです。

　東京五輪が「終わったら、（興味も）終わり」ではスポーツの価値は上がらないままです。

　五輪が東京で開催されるのをきっかけに、スポーツに対して持続性のある応援が根付いてくれることに期待しています。

　もちろん僕らもそのための努力は惜しみません。

41

五輪を超える。

　僕は何かしらの形で「五輪を超える」というビジョンを持って様々な活動をおこなっています。

　といっても五輪に代わる大会を作るとかではありません。

　アスリートにとって本当に価値のある何かができたら。

　やることによってアスリート達皆が幸せになる何かを。

　つまり「五輪の夢の先を作る」ということでしょうか。

　五輪が東京に決まってもう6〜7年が経つわけですけど本当に早いなと思う。ほんの少し前くらいに感じてしまいます。それまで、やれることは全てやって、後悔ないように迎えるつもりです。

　僕にはアスリートの社会的価値を高める使命があると思っています。

　東京五輪のその後もずっと、次の世代、そしてその次の世代まで。

　子ども達がアスリートを目指すという夢を安心して描ける世界を作りたいのです。

　アスリートという存在をどれだけ夢のあるものにできるか。

　それは今の僕ら現役選手に懸かっている。

　使命を実現するチャンスを手にしている以上、志を持って
五輪を迎え、そしてその先へと歩んでいきたいですね。

CHAPTER 4
挑戦

2018年8月から2020年1月までに
スポーツ報知に掲載された
藤光謙司のリレーコラムから彼の思考法の軌跡を追う。

42

他の競技からでも
得られるヒントがある。

　五輪は、集大成。ゴールといえば、ゴールになると思う。自分自身の納得だけじゃなく、周りの人にも納得してもらえる結果にしたいと思っています。東京で五輪なんて二度とこないチャンスだから、陸上を最大限に盛り上げたい。それに自分の結果が付随すれば、さらに良いなと思います。

　今は、他競技から学ぶことが本当に多いと感じています。今年から始めたラジオ番組で、重量挙げの糸数陽一選手と話す機会がありました。普段の練習でウェートを取り入れているので、どのような意識でやっているか聞こうと思っていたら、糸数選手の方も瞬発系の動きを陸上選手から学びたい、と。

　どんな競技でも共通点はあるし、細かい部分でヒントを得て、自分の競技へどう生かすか。単純に楽しい部分も大きかった。そしてスポーツクライミングのような、普段接しない五輪新種目にも興味があります。一度テレビ番組の中で挑戦しましたけど、手足を連動させて登るのは難しい。スポーツは全身使えてナンボ、と再認識させられましたね。

　来たるアジア大会で、男子400メートルリレーは20年ぶ

りの金メダルに挑みます。僕は左太ももの故障で出られませんが、今のチームは誰がいつ任されても走れる準備ができている。バトンパスも、失敗するかも？とか、安全にやろうという気持ちが全くないのが強さの源ですね。

　僕はリオ五輪でリザーブ、ロンドン世陸で走者（アンカー）を経験し、走る4人以外の周囲のサポートの大切さも知りました。若手の頃、（北京五輪銀メダリストの）塚原さんや高平さんから感じていた「この人がいれば大丈夫」という安心感。僕自身も、そんな存在になりたいですね。

　山口で行われた6月の日本選手権では、これまで以上に、陸上に熱をもって見てくれている人が多いなと感じました。アジア大会も、サッカーW杯のようにＰＶ（パブリックビューイング）を開いて僕が解説するなり、いろいろ伝え方はあると思う。

　出る選手は頑張るしかないし、出られない僕は陸上を盛り上げるためにどう活動できるか。今年与えられたテーマだと思っています。

（2018年8月7日、スポーツ報知。年月の表記は掲載時のまま。以下同）

43

100%出し切れたレースは
人生でまだ一度もない。
だから先を求められる。

　勝つって、すごく大事なこと。アジア大会200メートルで、小池（祐貴）が優勝して活気づけてくれて、うれしかったですね。100メートルは戦国時代で、山県（亮太）が10秒0台で記録を安定させている。200メートルも、19秒台を期待してもらえる緊張感を作りたいと改めて感じました。

　今夏は左太ももの故障で試合から遠ざかりましたが、良い時期に休めたと前向きに考えて、土台をコツコツ作っています。来季、個人的には（サニブラウン）ハキームが楽しみですね。右脚のけがで最近は試合に出ていませんが、どう調整を進めて、どんな作り方をしてくるか。戻ってくる彼と、日本人同士高いレベルで戦いたい。今は、これまで使えていなかった筋肉を使えるようにして、体の連動性を向上する試みをしています。来季は2月頃にシーズンインする予定。冬季練習で走りを作るのが、今からワクワクしています。

　速くなりたい—。目的は1つでも、手段はさまざまです。僕は全身をうまく使ってスピードを生むやり方を貫いてきました。でも、100％出し切れたレースって、人生でまだ一度

もないんですよ。200メートルで自己記録の20秒13を出した時も含め、これ以上ないほど力を引き出せたレースはない。だから、先を求めてやれるんです。

　本当にスレスレの領域でやる種目だから、ほんの少しの違いで結果は変わる。全然違う人からのヒントをすくい上げることが、あと一歩につながる。桐生（祥秀）がボクシングをやるのも、そういうことだと思うんです。僕は、一般の方からもヒントがもらえるかもしれないとも思っています。

　アジア大会中には、40〜50人のファンとBBQをしながら400メートルリレー決勝を解説するイベントを開きました。選手村の生活とか、試合日のタイムスケジュールなど、国際大会の裏話も紹介しつつ。こういう機会を増やすことも、今は成長につながると考えています。

（2018年10月2日付）

44

固定観念に
とらわれるな。

　来秋の19年ドーハ世界陸上（カタール）で世界ランキング制度による出場資格付与が見送られ、従来通り参加標準記録突破が基準となりました。ランキングを上げるため、室内大会や海外転戦を計画していた人は拍子抜けした部分もあると思う。ただ記録を出すという根本は、ランキング制も参加標準も同じ。やるべきことは変わりません。今季は故障もあったので、来年はかなり大事なシーズンになる。納得のいく流れができるように、早めの始動も視野に入れています。

　シーズンに向け、2〜3月はドバイ（UAE）に拠点を置こうと考えています。冬季は気温が30度ほどで、天気もほぼ毎日晴れ。雨の中で練習すれば疲労面にも悪影響がありますから、天候が安定しているのは大きいですね。競技場やジムなどの設備も充実しています。地理的に欧州にも近いため、日程や仕上がり次第で欧州の試合に行くかもしれません。

　オフ期間にはいろいろな方々と会う時間が取れる分、固定観念にとらわれないように心がけています。

　先日は「個人レースの時は、バトンを持って走ることはないの？」と聞かれました。その発想は面白いな、と。単純に重い物を持って走るわけですから、プラスになるとは思いませんでした。ただ1600メートルリレーでは、バトンを持った方が上体が浮かずにバランスが取れる人もいる。自分の走りに集中しがちですけど、小さな道具も走りに影響する。細部に気を使う大切さを再認識する契機になりました。

　世界で戦うためのスタートラインとして、200メートル19秒台はクリアすべき目標だと思っています。自己ベストの20秒13と比べ、距離にして約1メートル先。あと半歩ほどなんですが、これがなかなか縮まらないんですよね。

　正解があったらつまらないし、探しながらやるのは一つの楽しみ。記録に上限がなくてゴールが見えないのも楽しみだし、その反面、ゴールが見えないとやっていられないなと思ったりもして。そんな曖昧さが短距離種目の魅力であり、奥深さかもしれませんね。

（2018年12月4日付）

45

地元の応援を力に変えて
次に繋げる。

2月中旬から3月上旬まで、ドバイでの冬季合宿はとても充実したものになりました。今回使った「マイケル・ジョンソン・パフォーマンスセンター」は、120メートルの室内走路やウェート場などを備えていて、練習に必要な設備が全て1か所に集まっています。室内なので夏場の暑さが厳しい中でも使えるので、今後、シーズン中にも練習拠点として使えそうな幅が広がった感じ。今回開拓しておくことができて良かったです。

さて、国際陸連が20年東京五輪に向けて定めた参加標準記録が3月に公表されました。200メートルは20秒24。現在の世界基準で考えたら、それくらいになるなという気持ちで受け止めています。戦える人間で五輪を、と考えたら参加標準が高くなるのは当たり前だし、逆にそれくらい出さなかったら出てこないでよという基準だと思っているので。ランキング制の兼ね合いと、まだ曖昧な部分もありますが、参加標準は大きなアドバンテージになる。まずはそこを目標にしたいです。

　海外では、フロリダ大の（サニブラウン・）ハキームが順調にシーズンに入りましたね。3月の全米大学室内選手権60メートル予選で日本記録タイの6秒54。僕らもちょっと「おっ！」ってなったニュースでした。昨年右脚を痛めたけど、今年へしっかり準備してきたのかなと見受けられる走りです。僕も昨年は左太ももを痛めて、今年こそは、という思いがある。狙った試合でしっかり走れるように、計画してやっていきたいです。

　来月は世界リレーが横浜で開催されます。日本で世界規模の大会をやるのは、400メートルリレーが注目を浴びてから初。陸上の魅力を植えつける上でポイントになる大会だと思っています。地元の応援をパワーに変えて追い風にする、という意味でも東京五輪へ重要な予行演習。いい結果を残せば東京へいいイメージづけもできるし、そこも気にして試合を迎えたいです。

（2019年4月2日付）

46

変に頑張りすぎず、
純粋に楽しむことも大切。

　今月の世界リレーは、800メートルリレーで5位に入ることができました。

　会場の盛り上がりが思ったよりもすごくて、純粋に応援してくれる気持ちが伝わった。久々にああいった高揚感の中で自分の調子以上に気持ちよく走れて、後押ししてもらえる感じがありました。次のステップへ、かなり良い刺激が入った。来年の東京五輪に向けても、いい試合になったと感じています。

　400メートルリレーはバトンミスが出て予選で失格になりましたが、本番じゃないと確認できないことは多々あるんだと考えさせられました。例えば、個々の走力が上がれば上がった分だけ、また新たなバトンパスでの難しさも出てくる。皆の走力が上がったからこそ、問題が生じたレースだったのかもしれません。

　失敗も成功の材料。変にトラウマと考えず、どうプラスに変えていけるか。最近うまくいっていた部分も多いので、ここらで1回立ち止まって考えてみようよ、という時期なのかなとも思います。

　個人種目の200メートルでは、感覚や内容で着実に手応えを得られて、順調にステップを上がっていると感じています。海外では（サニブラウン）ハキームが100メートル9秒台。勢いのある選手に勝とうと思うと、走りの内容も気持ちも変わるので、すごくいい刺激になっていると思いますね。200メートルは19秒台が一つの目安になるので、この勢いで200メートルも話題を作れるようにしていきたいと思います。

　今秋のドーハ世界陸上の予選を兼ねた6月の日本選手権は、記録的にも結果的にも意味の大きな試合になります。ここ最近、本当の意味で楽しんで走る割合が少なくなっていた気もします。

　あまり変に頑張り過ぎるだけではなく、やるべきことをやって純粋に楽しむことも大切。

　ハキームと対戦するのも楽しみだし、何よりお客さんが見て面白いなと思ってもらえるような試合にしたいですね。

（2019年5月28日付）

47

常に自分と対話し、
見つめて、やるべきことを
やらないと結果は出ない。

　6月の日本選手権200メートルは、出場し始めた07年以降で初めて予選敗退しました。今までのやり方が通用しない部分や、年齢、いろいろなことを変化させる難しさを痛感したところもあります。初めての予選落ちを、いい形で割り切って次に進むことも大事。心のどこかで「継続して決勝に進めていたから大丈夫」と思い込ませていた自分もいたと思う。

　常に自分と対話し、見つめて、やるべきことをやらないと結果は出ないと感じました。

　短距離2冠の（サニブラウン）ハキームとは予選同組でしたが、もっと勝負できる走りをしたかったですね。大会自体の盛り上がりは本当にすごくて、喜ばしいこと。ただ注目されている、で終わるのではなく、どう価値をつけていくかも大事だと思う。東京五輪、そして東京が終わってからも。アスリートをやりつつ、価値のつけ方をしっかり考えていきたいです。

　その点では、他競技に参考となる事例もあります。男子バスケットボールのBリーグや、昨年東京グローブ座で全日本

選手権決勝を開催したフェンシング。エンタメ化し、見てもらうことに付加価値をつける試みをしています。

陸上も、シンプルに競技を見て価値を感じてもらうことは大切ですけど、まずは競技場に足を運んでもらうことに垣根をなくすような試みもあっていいと思いますね。

今秋のドーハ世界陸上代表入りの可能性は低くなってしまいましたが、望みを捨てているわけではないし、可能性がある限りは挑戦したいです。その中で、来季へ今の状況を崩してゼロからやるのか、足りない部分を補てんしていくのか判断もできると思う。

東京五輪に向けて、あらゆるできることを探して、覚悟を決めて身を委ねてやる必要性があると思っています。

（2019年8月6日付）

48

自分一人の力には
限界がある。
様々な意見を取り入れて
可能性を広げよう。

　ドーハ世界陸上の400メートルリレーでは（サニブラウ
ン）ハキームがデビューを飾って銅メダルに輝きました。彼
が入れば間違いなく力になることは分かっていたし、3走の
桐生とうまくバトンパスさえできれば、何の問題もなく結果
もついてくると思っていた。所属のフロリダ大で2走として
経験を積んだこともあり、以前にも増して成長を感じました。
順当に結果を残してくれたという印象です。

　僕も17年ロンドン世界陸上では、桐生からバトンを受け
てアンカーを走りました。彼は試合でスイッチが入ると、
ちょっとゾッとするくらい調子が上がる選手。バトンを受け
る時に、信頼して思い切って出られるというのは大きいです。
今回、ハキームが桐生との受け渡しを一度経験できたのもプ
ラス材料。五輪に向けては個人種目でラウンドを重ねて疲労
が蓄積することなど、いろいろなことを考えて力をつけない
といけないでしょう。

　僕個人としては今季の現状を踏まえ、今の状態のままでは
戦えないと感じています。今月中旬には自分の走りなどの科

学的分析をさらに進め、どういう筋肉をつけて、どんなトレーニングをすれば有効かを見いだしていきます。

今までは自分の考え中心で動いてきたけど、自分一人の力にも限界がある。任せるべき点は専門家に任せるのも大事という考えでいます。いろいろと相談し、脳科学などあらゆることをやりたいです。

来季は大きな集大成の年になります。競技では思い残すことがないようにやりたいし、２０年以降のスポーツ界のことも考えれば、アスリートの価値が問われるタイミングになる。夏季、冬季、パラリンピック問わず、選手に価値をつけて持続的に安定した競技生活を送る足場づくりのため、近く社団法人も設立します。

アスリートという存在が子供たちの目指す職業になれるように、いろいろな可能性を広げていきたいですね。

（2019年10月16日付）

49

技術や経験で
どうにかしようとして、
基礎がおろそかに
なっていないか?

　日本陸連が昨年12月、リレー金メダルのために東京五輪での個人種目数を１種目に限る案を出しました。率直に、金メダルを目標としてそういう考えに行き着くのは分かる話で、妥当だとは思います。

　ただ、決まりで押しつけて自由を無くすのはどうでしょうか。五輪の出場権は選手が勝ち取るもので、決まりで制限されるものではないはずです。今回の件は組織としての考え方は理解できる一方、伝え方や決め方が少し悪かったのかな、と感じました。

　リレーと個人種目のメダルの重みは、難しいですね。リレーの価値は現状高いですが、やはり個人でどこまで行けるかを追い求めるもの。メダルの可能性が高いリレーで４年に一度のチャンスを生かし、形に残すか。厳しくても個人で勝負し、どこまで行けるかに懸けるか。価値観は人それぞれだし、一番大事なのは色々な情報や考えを整理し、自分が納得して選べる自由なのだと思います。方針はまだ決定ではありませんが、選手も陸連も冷静になって最善の判断をして欲しいです。

　さて、僕の冬季練習はこれまで感覚に頼っていた部分を客観視することから始めました。

　データや数字で測定してもらうと、意外と基礎がおろそかになっていたりする。知らず知らずのうちに、技術や経験でどうにかしようとしている部分もあったと気づかされました。筋力など土台もしっかり積み上げて、パフォーマンスを安定させられればと意識して取り組んでいます。

　2月は室内の試合を探していますし、3月にはオーストラリアで練習をして、屋外初戦に臨めればと見通しています。200メートルの五輪参加標準は20秒24。3枠の代表権をめぐる日本選手権までに、ある程度記録や内容をそろえておかないと、日本選手権の舞台に立ったところで戦えない、とも思います。

　春からいい流れをつくって、勝負のシーズンに入っていきたいです。

（2020年1月14日付）

CHAPTER 5
30分でできる
トレーニング実践

50

何が出来て、
何が出来ないのかを
理解することが
成長の第一歩。

　自宅や運動前に30分でできる僕なりの練習メニューをご紹介しようと思います。

　それぞれのメニューで意識して欲しいポイントも説明しながら進めていくので、動きの中に取り入れてみてください。

　また、いきなり全てをこなすのはちょっと難易度が高いかもしれません。難しいメニューには、難易度を落としたやり方も追加しておきました。自分のレベルにあった動きで、徐々に強化していってもらえたらと思います。

　今の段階で何が出来て、何が出来ないのかを知ることも、やはり大切なことです。

1-スクワット

臀部と内転筋に刺激が入るように、直立状態から足を肩幅より大きく開いてスクワットを行います。

太ももと地面が、水平になるくらいまでお尻を落とします。

膝が内側に入らないよう
にすること。
上半身が前傾しすぎない
よう背筋を伸ばして行う。

まずは何も持たず手を胸の前で組んでやってみましょう。
慣れてきたら手に重りを持ってやってみてください。
しっかりと内転筋を使えるように、足をハの字に開き膝を外方向に
開いていくイメージを持つと意識しやすいでしょう。

　初心者の方は、椅子を用意してやる方法もおすすめします。腰を落としていった先に椅子があると膝が前に出にくくなりますしお尻の下げる高さも調整しながらトレーニングできると思います。

2－片足バランス

走る時に必要な臀部や内転筋に刺激を入れるために片足立ちで、バランスを保ったまま、脚を後ろに伸ばしていきます。

足の裏の「土踏まず」あたりでしっかり地面を踏むようなイメージで、内転筋と臀部でしっかり体を支えるという意識を持ちましょう。

POINT

バランスをとるためには
体幹や内転筋群を使わな
ければいけないので臀部、
内転筋、腹筋などに負荷
がかかるように意識する。

左右両方を行い、特に苦手な方の脚は意識的にやることも大事です。
体は、地面と平行まで倒すイメージですが使う部分の意識が大事なの
で、臀部や内転筋を使って支えているという意識を持つことが大切。
１０回を２〜３セットやりましょう。

初級編として、脚を上げる片足立ちバランスが難しい方は、少し負荷を落として、片足で立って手でタッチするという形でも大丈夫です。初心者の方は、片足で立つだけでもOKです。30秒間立ってみましょう。

3 - 上半身と下半身の連動

外回し

走る時に体幹を固め、腕の動きと脚の動きをシンクロさせることを
意識するための運動です。
腕と脚を同じスピード、同じ円を描くように動かす。

内回し

POINT

上半身と下半身の動きを
合わせる。
バランスが崩れないように
臀部と内転筋を意識する。

しっかりと体幹を固めながら、手足を大きく遠くに動かすというイメージ。

速いスピードでも、遅いスピードでもできるようにしましょう。

内回りと外回りを左右10回ずつ、バランスよく行う。

4 - 上半身と下半身の連動（発展形）

上半身と下半身を連動させるイメージを走りながら意識する運動。
腕は肩甲骨から大きく回し、股関節を前後に大きく動かす意識で走る。

※この動作からそのまま走りにつなげていきます。30メートル〜40メートルくらいを目安に流しに切り替えていきましょう。

5 − 上半身を意識したスキップ

POINT 1

上方向のスキップは、腕の根元あたりで引き上げ、腕先には意識がいかないように。しっかり腕の根元から腕を振るメージを持つ。

腕や上半身の力を使って脚を上げる意識のスキップ。
肩甲骨や腕の付け根から腕を振るイメージで同じタイミングで脚を
切り替えていく。

POINT 2

推進方向のスキップも、腕の振る意識は同様です。脚の出るタイミングと腕を振るタイミングが合うように意識する。30メートルくらいスキップをして、そのまま走りにつなげていきましょう。
上半身と下半身を意識的に使うことで、自然と走りの方にもつながってきます。

このスキップは2種類あります。

1、上半身を使って、上方向にジャンプするような意識のスキップ。

2、上半身を使って、推進方向に進んでいく意識のスキップ。

＊走る上で重要なのは、動きのタイミングをうまく合わせることです。上肢と下肢の動きがかみ合っていないと、楽に走れません。動きに極力無駄がないように、しっかりタイミングを合わせるようにしましょう。

6 – ヒップウォーキング

体幹や大腰筋、肩甲骨周りを連動させて骨盤を大きく動かしながら
お尻で前進、後退します。
長座の姿勢から片方ずつ骨盤を前後に動かすイメージで行う。

ヒップウォーキングは3パターンあります。
1. 上半身と下半身を同方向に動かす
2. 上半身と下半身を逆方向、クロスに動かす
3. 前進、後退はせずにその場でお尻を上下に動かす（初心者向き）

＊体の中心部（コア）の力を使い上半身の腕の付け根、肩甲骨を連動させると
動きやすいので、体の中心から動かす意識をしましょう。
その場で上下に動作をするだけでも、十分刺激を与えられます。

POINT

前進、後退をそれぞれ
1〜2メートルくらい進
みましょう。

1. 上半身と下半身を同方向に動かす

ヒップウォーキング クロス

2. 上半身と下半身を逆方向、クロスに動かす

ヒップウォーキング 初級編

3. 前進、後退はせずにその場でお尻を上下に浮かせる（初心者向き）

7 - 腿上げ（ヒップウォーキングの腿上げ版）

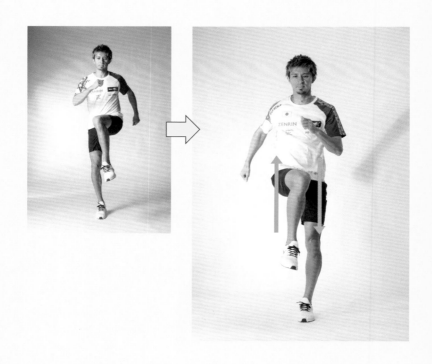

走りを股関節中心に考えると、縦の動きと横の動きがあります。

股関節の動きを上下、前後に切り替える意識の練習。

POINT

ミニハードルなどを使って越える意識を持ち、5~10メートルを3本。
腿を上げる意識ではなく下ろす意識で。

股関節を最大限の可動域で大きく使う意識をしましょう。
股関節を上下・前後・両方の動きを意識してやってみましょう。

8－マウンテンクライマー

体幹を鍛えながら他の部位も刺激を入れられる全身運動。
腕立ての体勢をとり、膝を曲げながら脚を前後に動かしていきます。
20~30秒×2~3セット

POINT

頭からお尻まで一直線にな
るような意識でできるだけ
大きく動かす。
フォームが崩れないように
自分ができる時間で行う。

初心者向けのアレンジの紹介。

腕立ての姿勢から肘をつき、脚を動かさず体幹で支える意識で耐えます。

膝をつけると難易度が下がりますが、しっかりと負荷はかかります。

9 − 接地トレーニング
（体幹や関節をしっかり固める）

両足版

着地した時に、地面にしっかりと力を伝えるための練習。
ミニハードルなどを使いジャンプして飛び越え、接地する瞬間に
各関節（股関節、膝関節、足関節）を固定し同時に体幹も固める。

POINT

着地後に、膝が前に出ない
ように。

着地時に関節の角度が変わらないように維持しましょう。

接地トレーニング 片足

まずは両足で行い、
同様に片足でも行う。

POINT

片足で行う際はバランスが
崩れないよう臀部と内転筋
も意識。

藤光謙司という
スプリンター

報知新聞社　運動第二部記者　細野友司

藤光謙司というアスリートのすごみを感じたのは、2016年6月の日本選手権のことだった。200メートル決勝で、リオデジャネイロ五輪代表入りが確実だった藤光はレース中に左太ももを痛めて急減速した。20秒77でゴールした後、息をのんだ。座り込んで動かず、車椅子で会場を後にしたからだ。

　これは重傷だ一。北京、ロンドンの2大会、ともに負傷で五輪切符を取り損ねていた。またか、と暗い気持ちになった。ただ、実は藤光が動かなかったことに、冷静な判断が光っていたのだった。負傷したなら、どうすれば一番治療期間を短くできるのか。五輪本大会までは、1か月半ある。たとえ太ももを痛めたとしても、何とかリカバリーして間に合わせる術はないのか。本人は「あの時は、走りながら色々なことを冷静に考えていましたね」と述懐する。その答えが、なるべく患部を動かさず、けがの程度がひどくなるのを防ぐことだった。

　結果的にこの判断が、五輪への細い糸をたぐり寄せることになった。診断は左大腿二頭筋の肉離れで、全治4週間。練

習復帰を考えれば、ギリギリで五輪に間に合う程度で収まり、代表内定を得ることができた。7月は急ピッチでの回復に努め、高圧酸素カプセルなど様々な治療を施してもらい、8月16日のスタートラインに立つことができた。藤光謙司というアスリートについて「考える人」というイメージを持ち始めたのは、やはりこの頃だったなと思う。

　本書にもある「理解」についても、驚かされたことがある。トップ選手の200メートルのタイムは、概ね20秒〜21秒の間。普通に考えればたった1秒だが、100分の1秒まで測定するトラック競技においては大きな差だ。

　各選手は春のシーズンインから、例年6月の日本選手権を最初のピークとしてじわじわと調整していく。3〜5月は、徐々に実戦でタイムを上げていく過程にあたるわけだが、藤光はこの間の自己把握の感覚が恐ろしく鋭い。レース前、ウォーミングアップ場から引き揚げる際に立ち話をすると「今日はこのくらいですね」と想定タイムを教えてくれるのだが、レースでもほとんど誤差が無いタイムで走って帰ってくるのだ。

リオ五輪イヤーの2016年シーズンが特にそうだった。5月の東日本実業団選手権（熊谷）では、20秒70の宣言タイムぴったりで優勝し、本当に驚かされたのを覚えている。ストップウォッチで、10秒ぴったりを狙って押す遊びをしたことがある人がいるかもしれないが、タイムの計時を見ながらやってみたとしても、結構難しいものだ。それを、走りで表現する。自分の仕上がりや調子、当日の気候や風など、全ての条件を理解した上でないと不可能なこと。この繊細な感覚が、30歳で初の五輪にたどり着く原動力だった。

　あれから4年。昨年の2019シーズンは、ドーハ世界陸上の出場こそ逃したが、春先の調整は順調で、力強くコーナーを加速する本来の走りを取り戻しつつあった。競技生活の集大成に掲げている東京五輪は、新型コロナウイルスの感染拡大のため、1年延期。本大会を35歳で迎えることを不安視する向きもあるかもしれないが、本書で紹介したキム・コリンズの例もあるし、2008年の北京五輪の400メートルリレーでアンカーを務めた朝原宣治氏は、当時36歳だった。

年齢を理由に諦めるのは、まだまだ早すぎるというものだ。

　年齢でいえば、陸上担当の傍ら、冬季競技のスキージャンプで葛西紀明を取材する機会も多い。2014年ソチ五輪個人ラージヒルで、史上最年長の42歳で銀メダルを獲得。49歳で迎える2022年北京五輪に向け、バリバリの現役ジャンパーだ。「このモチベーションがいつなくなるのかという感じ」と、最前線に立ち続けている。藤光にも共通するのが、「まだ競技を完全に極めていない」と考え、自身に伸びしろを感じている姿勢だ。年齢は違うが、ジャンプ女子の高梨沙羅の口癖も「理想のジャンプにはまだ遠い」。現状の先を思い描ける限り、年齢には関係なく成長できるのだと思う。

　藤光の東京五輪への道はもちろん険しい。競争相手は、サニブラウン・ハキーム（米フロリダ大）、小池祐貴（住友電工）、飯塚翔太（ミズノ）、白石黄良々（セレスポ）ら。この４人でも、リオ五輪を経験したのは飯塚だけ。４年前と比べ、日本の選手層も確実に厚みを増しており、激しい争いを勝ち抜く必要

がある。順当なら、2021年の日本選手権が五輪代表権を争う大舞台となりそうだ。

　もちろん、藤光自身は五輪のその先も見つめている。56年ぶりに自国開催される東京五輪を契機に、各媒体でオリンピックスポーツに対する注目は空前のものになるだろう。ただ、大きな熱狂ほど、冷めた時の落差は大きい。五輪が毎年あればいいが、4年に1度。ポスト東京五輪の時代、いかに注目度を保ち、アスリートの価値向上を目指せるかを考えているから、あえて選手と社長という困難な「二足のわらじ」を履いているのだ。

　陸上短距離は、第1回の1896年アテネ五輪から開催されている最古参の競技のうちの1つ。（当時は陸上、競泳、テニス、フェンシングなど9競技で行われていた。ちなみに、今回の東京五輪は33競技）。誰が一番速いか、というシンプルで奥深い競技性に、観客は引きつけられるのだろう。走るという領域に自分の輝ける場所を見いだし、向き合ってきた

藤光。これからも、スプリント界に有形無形の貢献をしていく姿を追うのが、楽しみでならない。

藤光謙司の歩み

1986年5月1日　埼玉県浦和市（現・さいたま市）に生まれる。

2003年　世界ユース選手権メドレーリレー銅メダル

2009年　ベルリン世界陸上で初代表。
　　　　400メートルリレー4位入賞

2010年　広州アジア大会200メートルで銀メダル

2013年　モスクワ世界陸上400メートルリレー6位入賞

2015年　200メートル日本歴代2位（当時）の20秒13をマーク

2016年　自身初五輪となるリオデジャネイロ大会に出場

2017年　ロンドン世界陸上400メートルリレー銅メダル

2018年　ニューネックス株式会社を設立し、
　　　　代表取締役社長に就任

2019年　世界リレーの800メートルリレー5位入賞
　　　　一般社団法人アスリートオーナー設立、代表理事に就任

藤光謙司 （ふじみつ・けんじ）

短距離走の陸上選手。1986年生まれ。身長182cm。埼玉県浦和市（現・さいたま市）出身。三室小学校、三室中学校、市立浦和高校、日本大学大学院卒業。

2016年リオオリンピック出場。200m日本歴代4位。300m日本記録保持者。

2017年ロンドン世界陸上4×100mリレー銅メダルを獲得した。

自身が代表取締役を務めるニューネックス株式会社では、日本のアスリートの抱える課題を解決する為の活動を日々行い、「現役時代から起業し、行動する」ことでアスリートの新たなロールモデルを提示している。

また2019年11月には一般社団法人「アスリートオーナー」を設立し、アスリートのキャリア支援、社会的価値の向上、社会貢献活動などを目的に活動している。

STAFF

取材・構成　細野友司（報知新聞社　運動第二部記者）
撮　影　　　平賀正明（HIRAGA SQUARE）
ヘアメイク　山口公一（スラング）
デザイン　　原耕一 / せい（trout）
編　集　　　加藤圭一（竹書房）
プロデュース　Kaori Oguri

Special Thanks
細川稀叶（ニューネックス株式会社）
写真提供　　中西祐介
衣装提供　　西水友良（株式会社ZYXGER）

「練習しない」アスリート
成長し続ける50の思考法

2020年6月5日　初版第1刷発行

著　者　　藤光謙司
発行人　　後藤明信

発行所　　株式会社　竹書房
〒102-0072　東京都千代田区飯田橋2-7-3
TEL　　03-3264-1576（代表）
　　　　03-3234-6301（編集）
竹書房ホームページ　http://www.takeshobo.co.jp

印刷・製本：株式会社シナノ

©Kenji Fujimitsu / Takeshobo 2020
Printed in Japan
ISBN 978-4-8019-2259-4　C0093